Reinmar Tschirch

Einer von uns wird getauft

Wir hatten uns gerade um den Tisch zusammengesetzt: Karsten führte seinen neuen Kugelschreiber vor: mit eingebauter Quarzweckuhr – toll! Fred und Thomas tuschelten noch über irgendetwas. Vor uns lagen unsere Bücher: Bibel und Liederbuch – wir wollten anfangen.

„Einer von uns wird getauft", sagte der Pfarrer. Wir sahen uns um, einer nach dem anderen: Wer kann das sein? Gibt's das überhaupt?

Klar – auch ich war neugierig. Ich wollte es wissen. Ich hatte noch nie über so etwas nachgedacht. Wahrscheinlich habe ich gedacht: Konfirmandenstunde – da muß man doch dazugehören, dazu muß man doch Christ sein. Wir sollten ja auch so einen Schein über die Taufe mitbringen, als wir uns anmeldeten. „Hier ist dein Taufschein", hatte mein Vater gesagt, „da steht drauf, wann deine Taufe war und wie die Kirche heißt, in der du getauft bist."

Also einer war nicht getauft. Aber wer? Meine Augen gingen in unserem Kreis umher: Fred oder Thomas? Oder Heidi? Die guckte so verlegen vor sich hin.

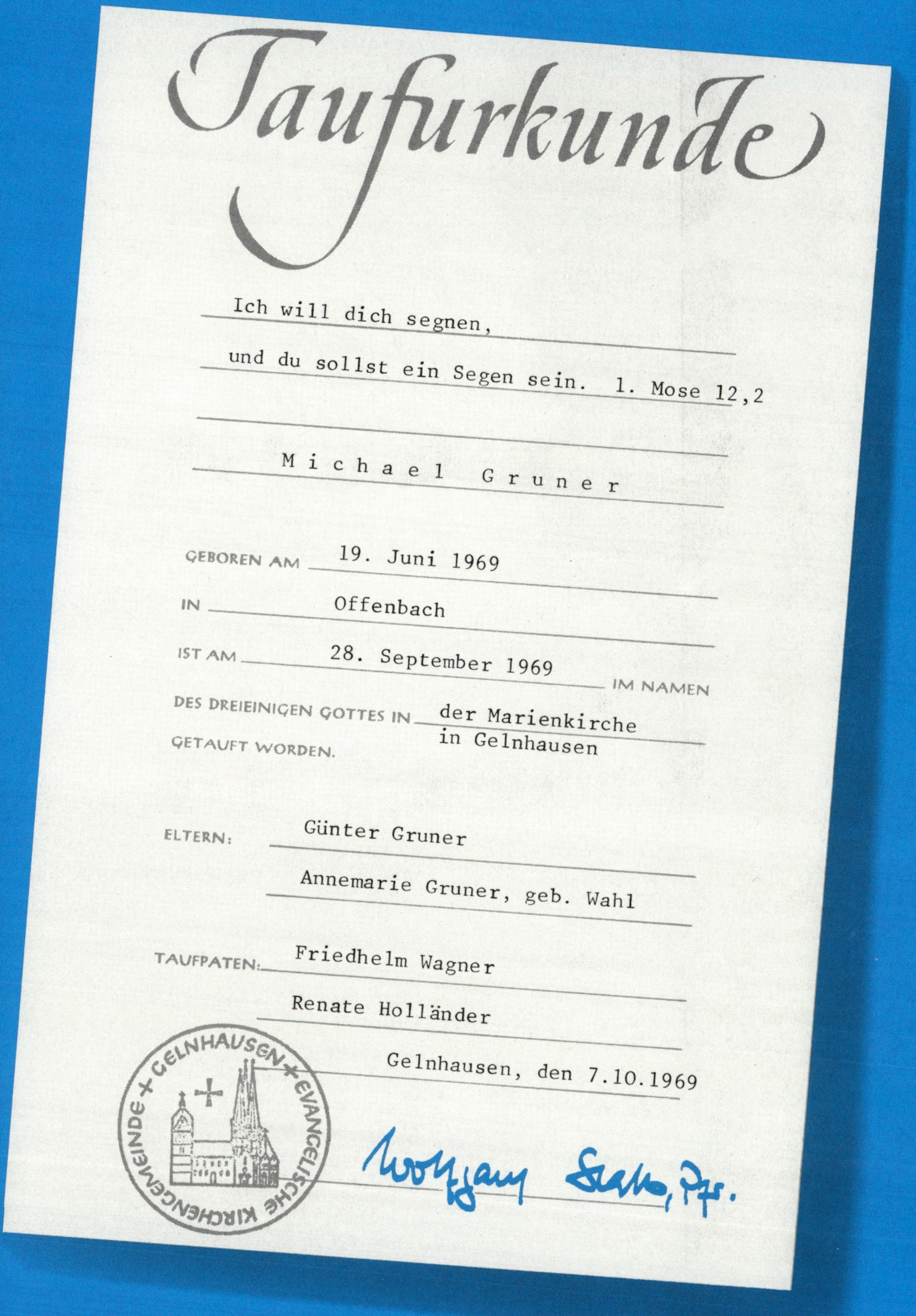

Taufurkunde

Ich will dich segnen,

und du sollst ein Segen sein.   1. Mose 12,2

Michael Gruner

GEBOREN AM 19. Juni 1969

IN Offenbach

IST AM 28. September 1969 IM NAMEN DES DREIEINIGEN GOTTES IN der Marienkirche in Gelnhausen GETAUFT WORDEN.

ELTERN: Günter Gruner

Annemarie Gruner, geb. Wahl

TAUFPATEN: Friedhelm Wagner

Renate Holländer

Gelnhausen, den 7.10.1969

Ich war wohl einen Augenblick in Gedanken gewesen. Die anderen stimmten gerade an: „Herr, deine Liebe ist wie Gras und Ufer". Das Lied mochten wir alle, auch wenn ich es nur mitbrummen konnte. Wir hatten es einmal auf einer Freizeit bei einer anderen Gruppe gelernt, mit Gitarrenbegleitung:

1. Herr, deine Liebe ist wie Gras und Ufer,
wie Wind und Weite und wie ein Zuhaus.
Frei sind wir, da zu wohnen und zu gehen.
Frei sind wir, ja zu sagen oder nein.
1.-4. Herr, deine Liebe ist wie Gras und Ufer,
wie Wind und Weite und wie ein Zuhaus.

Wir wollen Freiheit,
um uns selbst zu finden,
Freiheit, aus der man
etwas machen kann.
Freiheit, die auch noch offen ist
für Träume,
wo Baum und Blume
Wurzeln schlagen kann.
Herr, deine Liebe ...

Und dennoch sind da Mauern
zwischen Menschen,
und nur durch Gitter sehen wir uns an.
Unser versklavtes Ich
ist ein Gefängnis
und ist gebaut aus Steinen
unsrer Angst.
Herr, deine Liebe ...

Herr, du bist Richter!
Du nur kannst befreien,
wenn du uns freisprichst,
dann ist Freiheit da.
Freiheit, sie gilt für
Menschen, Völker, Rassen,
so weit wie deine Liebe uns ergreift.
Herr, deine Liebe ...

Text-Übertragung (nach der schwedischen Originalfassung von Anders Frostensson): Ernst Hansen 1970.
Melodie: Lars Åke Lundberg 1968. – © Burckhardthaus-Laetare Verlag.

Nun lasen wir aus unserer Bibel: „Die Gute Nachricht breitet sich aus". Da war die Rede von einem Apostel oder so etwas. Philippus hieß er – der verbreitete in der Hauptstadt Samariens die Sache Jesu.
Thomas las:

> „Philippus aber erhielt durch einen Engel des Herrn den Auftrag: ‚Auf und geh nach Süden, bis du auf die einsame Straße kommst, die von Jerusalem nach Gaza führt!' Er machte sich sofort auf den Weg. Nun war gerade ein Eunuch aus Äthiopien auf der Heimreise, der Finanzverwalter der Königin von Äthiopien, die den Titel Kandake führte. Er war in Jerusalem gewesen, um dort am jüdischen Gottesdienst teilzunehmen, und fuhr jetzt wieder zurück. Unterwegs in seinem Wagen las er im Buch des Propheten Jesaja."

Dann kam Karoline:

> „Der Geist Gottes sagte zu Philippus: ‚Lauf zu dem Wagen und geh neben ihm her!' Philippus tat es und hörte, wie der Mann aus dem Buch des Propheten Jesaja las."

„Augenblick", sagte da unser Pfarrer. „Buch des Propheten Jesaja, das kennt ihr ja. Ich habe euch doch einmal gezeigt, wie zur Zeit Jesu Bücher aussahen."
„Das war sicher auch so eine Rolle", erklärte Jürgen, „eine Buchrolle aus Papier." – „Nein, aus Papyrus war die", verbesserte Ralf. Natürlich, der wußte alles: er war unser kleiner Professor.
„Kann ich nun weiterlesen?" fragte Karoline. Alle nickten.

> „. . . wie der Mann aus dem Propheten Jesaja las. Da fragte er ihn: ‚Verstehst du denn, was du da liest?' Der Äthiopier sagte: ‚Wie kann ich es verstehen, wenn mir niemand hilft!' Und er forderte Philippus auf, zu ihm in den Wagen zu steigen. Die Stelle, die er gelesen hatte, lautete:
> ‚Er war wie ein Schaf, das geschlachtet wird;
> er war wie ein Lamm, das sich ruhig scheren läßt;
> er sagte kein Wort.
> Er wurde verurteilt, aber das Urteil ist wieder aufgehoben worden.
> Niemand kann seine Nachkommen zählen, denn er ist von der Erde weggenommen.'"

Dann las Marianne weiter:

> „Der Äthiopier fragte: ‚Bitte, sag mir doch: um wen geht es denn hier? Meint der Prophet sich selbst oder einen anderen?' Philippus begann zu sprechen. Er ging von dem Prophetenwort aus und verkündete dem Äthiopier die Gute Nachricht von Jesus."

Und nun wieder Thomas:

> „Unterwegs kamen sie an einer Wasserstelle vorbei, und der Äthiopier sagte: ‚Da gibt es Wasser! Spricht etwas dagegen, daß ich mich taufen lasse?'"

Klar, dachte ich, das hat der Pfarrer ausgesucht, weil er mit uns über die Taufe reden will, die Taufe des „großen Unbekannten".
„Wie ging das mit dem Taufen?" platzte da Fritz heraus. „Der Philippus konnte den Äthiopier doch nicht einfach in seinen Armen halten wie ein Baby zur Taufe?"
Thomas setzte unbeirrt fort:

> „Philippus sagte: ‚Du kannst getauft werden, wenn du von ganzem Herzen glaubst!' ‚Ja', antwortete der andere, ‚ich glaube, daß Jesus Christus der Sohn Gottes ist.' Er ließ den Wagen anhalten und stieg mit Philippus ins Wasser. Philippus taufte ihn. Als sie aus dem Wasser kamen, wurde Philippus vom Geist des Herrn weggenommen. Der Äthiopier sah ihn nicht wieder, doch er setzte seine Reise fröhlich fort."

„Ach so", meinte Fritz: „Da hat er ihn wohl untergetaucht im Wasser."
„Heute geht das aber nicht so", sagte Heidi, „die kleine Schüssel, die sie da in der Kirche benutzen! Ich kenne das nämlich: meine kleine Kusine ist gerade getauft worden – da war ich dabei."
„Ja, und nun wird einer von uns getauft", sagte der Pfarrer noch einmal. „Ralf ist es, und wir werden alle dabei sein."
Ralf, dachte ich, wieso Ralf? Wäre ich nie drauf gekommen. Ralf ein kleiner Heide! Ich mußte im Innern ein bißchen kichern bei dem Gedanken, heimlich natürlich. Denn ich glaube, Ralf wäre ganz schön sauer geworden, hätte ich offen gegrient. Ralf, der war doch so dabei, der wußte doch alles – wie ein Pfarrer bald. Und nun – nicht getauft? Das war stark!
„Einer von uns wird getauft. Wie wäre es, wenn wir die Taufe von Ralf zusammen machen?" Der Pfarrer hatte ein paar Bilder mitgebracht, Dias, die zeigte er uns jetzt. Die hatten alle etwas mit Wasser und mit Taufen zu tun.

Wasser –
kühles, klares, sprudelndes Wasser –
das macht frisch, wenn man vor Durst und Hitze schon ganz matt war.

*Nur ein Wassertropfen –
und doch: eine runde Welt
im Kleinen!*

*Millionen Wassertropfen –
ein Sturzbach
über die Felsen, quellfrisch
und lebendig.*

Wasser macht sauber. Es erfrischt und belebt. Wie neugeboren kommt man da heraus.

Diese Inder hat es zum heiligen Fluß Ganges getrieben. Auch sie wollen sich waschen, rein werden. Aber man sieht ihnen an: Sie suchen mehr als das Wasser, das da vorbeifließt! Sie sind versunken in Andacht, in Meditation. Jeder ist für sich allein.

*Die da traut aber dem Wasser nicht so ganz. Wasserscheu? Vielleicht kann sie nicht schwimmen. Wie tief, wie kalt ist das Wasser? Was verbirgt sich in der Tiefe?
Der da (rechts oben), der hat keine Angst. Er will's genauer wissen, was da unten verborgen ist – wie ein Fisch im Wasser will er sich fühlen.*

Und diesem sieht man's an der Nasenspitze an, wie er das kühle Wasser genießt.

Mit dem (links unten) möchte ich tauschen! Aber gefährlich: Wenn der kippt – da gibt es wohl keine Rettung mehr.

Wellen, die mit ihrer wahnsinnigen Wucht alles unter sich begraben.

Ein äthiopischer Künstler hat das gemalt: Nur Wasser von oben und von unten. Aber das Schiff trägt sicher durch die Sintflut hindurch, und die drin sind, Mensch und Tier, brauchen nicht mehr um ihr Leben zu fürchten.

Zerstörung nach der großen Flut: Die Brücke ist abgebrochen, als das Hochwasser darüber hinwegstürzte und alles mitriß.

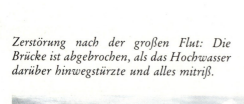

(Oben) Die Taufe Jesu auf dem Taufbecken in der Kirche.
(Unten links) Ein orthodoxer Priester auf Kreta tauft ein Baby – ein richtiges Bad in der Wanne ist das!
(Unten rechts) Vorbereitung einer Erwachsenentaufe bei den Sinti.

Und hier wird einer in die Tonne gesteckt: die Taufe eines Königs! Wozu die Tonne? Auch er soll – wie die Sinti links – ganz untergetaucht werden ins Wasser. Das ist wie Sterben und wieder Lebendigwerden.

Wüste – wo kein Wasser ist, stirbt alles Leben. Alles lebt vom Wasser: Pflanzen, Tiere, Menschen. Ohne Wasser – kein Leben. Da kann nichts wachsen. Alles vertrocknet und stirbt.

Wo aber nur ein wenig Regen fällt, da blüht es auf – wie dieser Busch inmitten einer fast endlosen Wüste. Ja – wo Wasser ist, da kommt Leben hervor.

Das waren viele Bilder. Wasser – immer wieder anders: verlockend, erfrischend, belebend. Aber auch unheimlich, gefährlich, vernichtend. Wasser – Quelle und Bad des Lebens, aber auch nasses Grab, in dem alles Lebendige untergeht. Wir hatten uns die Bilder angesehen und versucht, die Sprache des Wassers zu entschlüsseln, zu verstehen, was Wasser unserem Leben bringt, was es für uns bedeutet. Und dem einem war dies, dem anderen das zu einem Bild eingefallen: Erinnerungen an eigene Wasser-Erlebnisse, lustige Einfälle waren uns gekommen, aber auch manche ernsten Gedanken: Wasser und Leben, Leben und Wasser – wie gehört das zusammen?

Die Zeit verging, wir machten Schluß. Zu Hause sollten wir ein paar Bibelgeschichten nachlesen, Geschichten mit Wasser. Geschichten der Rettung aus dem Wasser. Geschichten, wo Wasser Leben schafft. Geschichten, die mit den Bildern, die wir gesehen hatten, zusammengehörten.

Hier die Geschichten:
Die Rettung aus der großen Flut (1. Mose 8 und 9, 1–17)
Die Stillung des Sturms (Markus 4, 35–41)
Das Wasser des Lebens (Johannes 4, 3–15)
Die Taufe Jesu (Mattäus 3, 13–17)
Der Taufbefehl (Mattäus 28, 16–20)

Na, dachte ich, ein reifes Programm, was wir da für die nächste Stunde vorhaben. Viel Glück!

„Wie soll denn das mit der Taufe von Ralf nun eigentlich gehen?" fragte ich in der nächsten Stunde. „Wie bei den Babys geht es nicht und wie bei dem Äthiopier ja auch nicht, so im Fluß und mit Untertauchen. Wie sollen wir denn schließlich einen Fluß in unsere Kirche kriegen?"
„Fluß nicht", antwortete unser Pfarrer. Alle lachten, er auch. „Fluß nun nicht. Aber so etwas Ähnliches hat es schon gegeben. In den alten Kirchen in Italien z. B. findet man große Wasserbecken neben dem Eingang. Heute werfen die Touristen da Münzen hinein. Sie denken, das bringt Glück. Aber ursprünglich taufte man darin die neuen Christen. Weiße Kleider bekamen sie nach der Taufe. Das sollte auch ein Bild sein: Kleider machen Leute. Wenn man glauben kann, Vertrauen, Hoffnung fassen kann, dann wird alles neu: Freude, Fest, Reinheit, Himmelsglück."
„Schade, in unserer Kirche haben wir so etwas nicht", meinte Fred. „Das wäre doch mal was Besonderes."
„Nein", sagte Heidi, „aber einen Taufstein haben wir, da wird getauft. Ich hab's ja gesehen, wie da getauft wird: bei meiner kleinen Kusine."
„Erzähl mal, wie war das?"
„Das war ein großes Fest in unserer Familie. Viele waren dazu gekommen, viele aus der Familie und viele Freunde. In der Kirche fing es an. Da war ich mit dabei, meine Mutter war nämlich Patin. Sie hielt das Baby auf dem Arm. Und auch andere Mütter und Väter und Familien waren da mit ihren Babys: die sollten auch getauft werden.

Und dann erzählte der Pfarrer die Geschichte von Jesus und den Kindern. Wie Jesus die Kinder in Schutz nimmt, als die Großen sie nicht dabei haben wollten."

„Die Geschichte können wir auch nachlesen", bemerkte unser Pfarrer. „Sie steht in der Bibel."
Wir lasen:

> „Jesus winkte ein Kind heran, stellte es in ihre Mitte, nahm es in seine Arme und sagte: ‚Wer in meinem Namen solch ein Kind aufnimmt, der nimmt mich auf. Und wer mich aufnimmt, der nimmt nicht nur mich auf, sondern gleichzeitig den, der mich gesandt hat.'
> Einige Leute brachten ihre Kinder zu Jesus, damit er ihnen die Hände auflegte, aber die Jünger wiesen sie ab. Als Jesus es bemerkte, wurde er zornig und sagte zu seinen Jüngern: ‚Laßt die Kinder doch zu mir kommen und hindert sie nicht, denn gerade für Menschen wie sie steht die neue Welt Gottes offen. Täuscht euch nicht: wer sich der Liebe Gottes nicht wie ein Kind öffnet, wird sie nicht erfahren.'
> Dann nahm er die Kinder in die Arme, legte ihnen die Hände auf und segnete sie."

„Die Geschichte kann man doch auch ganz gut zur Taufe von Ralf benutzen", meinte Karoline. „Na ja, Ralf ist natürlich kein kleines Kind mehr – oder?" Sie guckte dabei ein bißchen schnippisch zu ihm hinüber.
Alberne Gans, mußte ich denken. Typisch Karoline.
„Aber die Geschichte ist ja eigentlich zu den Großen gesagt", setzte Karoline unbeirrt fort. „Die sollten die Kinder bei sich aufnehmen, sie nicht wegstoßen. Die sind für Gott wie Kinder. Die sind gar nicht so groß, wie sie denken von sich."

„Heidi wollte uns doch von der Taufe ihrer Kusine erzählen", sagte Fritz ungeduldig dazwischen, „was haben sie denn da mit dem Baby gemacht?"
„Na ja, dann ging meine Mutter mit dem Baby auf dem Arm hin zu dem Taufstein, und wir anderen, die Eltern und ich, gingen mit. Und da fragte der Pfarrer: Wie heißt das Kind? Und meine Mutter sagte: Sie heißt Andrea. Und dann hielt meine Mutter das Baby mit dem Köpfchen ganz dicht über die Wasserschale im Taufstein. Und der Pfarrer nahm Wasser in seine hohle Hand – so ungefähr", Heidi machte es mit ihrer Hand vor, „ und ließ dem Baby das Wasser über die Stirn laufen. Dreimal machte er es so. Und dazu sagte er: Andrea, ich taufe dich im Namen Jesu."
„Ja, im Namen des Vaters, des Sohnes und des Heiligen Geistes. Amen", ergänzte unser Pfarrer.
„Und dann hat der Pfarrer noch eine kleine Rede gehalten, was das Wasser bei der Taufe zeigt: ohne Wasser kein Leben, ohne Gott kein Leben. Und daß Kinder nicht ihren Eltern wie ein Besitz gehören. Daß sie zu Gott gehören. Und daß die Taufe dafür ein Siegel ist."

„Du machst das ja fast wie ein richtiger Pfarrer", lachte Ralf. Heidi hatte sich ganz in Fahrt geredet.
„Ja", sagte Heidi. „Und ich habe mir auch schon Gedanken gemacht, was wir zu deiner Taufe alles brauchen. Wir brauchen ein Lied. Die haben nämlich zur Taufe von Andrea auch etwas gesungen. Und wir brauchen ein Gebet. Und Sie müssen auch eine kleine Rede halten über die Taufe", meinte Heidi zu unserem Pfarrer.

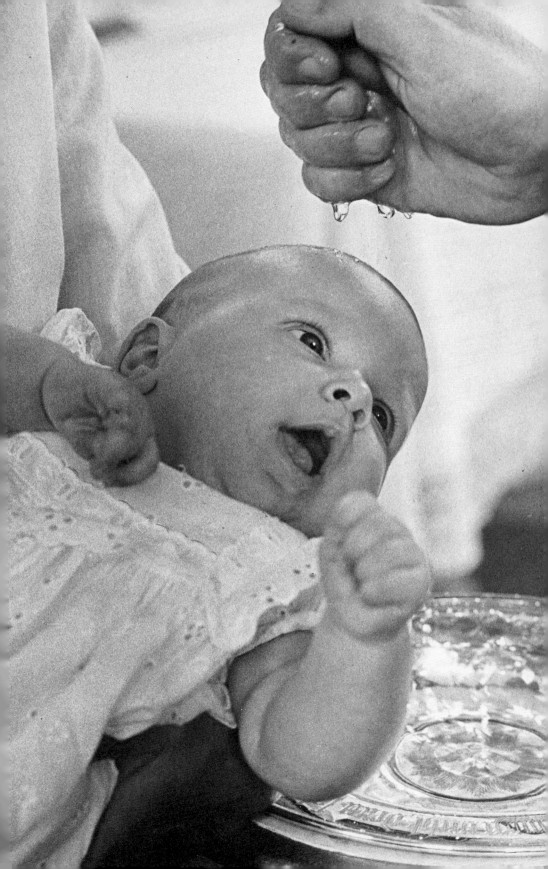

„Warum bist du eigentlich nicht getauft?" fragte da plötzlich Thomas den Ralf. „Ich meine, so als Baby..."
„Na", sagte Ralf. „Bis vor kurzem wußte ich das gar nicht. Aber als ich mich zum Konfirmandenunterricht anmeldete, da hatte ich keinen Taufschein dabei. Und meine Eltern sagten: Du bist nicht getauft, das müssen wir jetzt nachholen, wenn du konfirmiert werden sollst, wir haben das mit dem Pfarrer so besprochen. – Da habe ich mir noch keine großen Gedanken gemacht. Aber dann haben Sie ja selber mit mir darüber gesprochen, daß ich nicht getauft bin und ob ich getauft werden möchte und ob Ihr dabei sein sollt. Und nach der letzten Stunde, da hab ich dann zu Hause gefragt: Warum bin ich eigentlich nicht getauft wie die anderen? – Vater ist nicht in der Kirche, hat meine Mutter dazu gesagt."
„Mein Vater auch nicht", warf Karoline ein, „der hat sich mal über einen Pfarrer so geärgert." Dabei guckte sie fast ein bißchen um Entschuldigung bittend zu unserm Pfarrer hin.
„Finde ich blöde", meinte Fritz, „man ist doch nicht wegen dem Pfarrer in der Kirche."
„Selber blöde", wehrte sich Karoline. Und sie hatte recht: Fritz war ja überhaupt nicht um seinen Kommentar gebeten worden.
Aber dann kam wieder Ralf: „Naja, meine Mutter hat gesagt, sie waren sich nicht einig damals, als ich geboren wurde. Sie hätte es schon ganz gern gehabt, die Taufe. Aber Vater mochte nicht so gern zu einem Pfarrer gehen, weil er doch nicht in der Kirche war. Da haben sie es bleiben lassen. Und sie dachten, vielleicht ist es gut so, dann könnte ich das selbst entscheiden mit der Taufe, wenn ich größer bin."
„Mensch", sagte ich, „wenn du jetzt getauft wirst, kannst du dich wenigstens an deine Taufe erinnern."
„Stimmt", sagte Heidi, „sonst sind dafür die Paten da. Das hat der Pfarrer meiner Mutter gesagt: Die kleine Andrea, die kann sich nicht selbst an die Taufe erinnern. Aber Sie – damit meinte er meine Mutter – Sie sind für Andrea die Erinnerung an die Taufe. Das ist ein Pate: Erinnerung an die Taufe."

„Aber der Äthiopier, der hatte keine Paten. Der konnte sich selbst daran erinnern, wie ihn der Philippus getauft hat", meinte Ralf.
Und da bekam ich eine Idee: Wie, wenn wir die Taufgeschichte mit dem Äthiopier sozusagen zum Muster für Ralfs Taufe nehmen würden? „Wir können doch die Taufgeschichte von diesem Äthiopier lesen. Und dann fragt einer: Da gibt's Wasser! Spricht etwas dagegen, daß Ralf sich taufen läßt? Und dann soll einer antworten: Ralf, du kannst getauft werden, wenn du von ganzem Herzen glaubst. Und dann kann Ralf sagen: Ja, ich glaube... genau so wie in der Geschichte..."
„Natürlich", fiel Heidi ein. „Auch bei uns neulich haben sie vor der Taufe das Glaubensbekenntnis gesprochen, alle zusammen."
„Auswendig?" fragte Fritz.
„Ja, auswendig", antwortete Heidi. Fritz sah sie bloß an und sagte nichts.

Wir waren in dieser Stunde schwer beschäftigt. Wie sollte es mit Ralfs Taufe gehen? Heidi hatte uns sehr geholfen: es war gut, daß sie sich so genau an die Taufe ihrer kleinen Kusine erinnern konnte.
Wir diskutierten noch lange. Viele Vorschläge kamen auf den Tisch, wurden angenommen, verändert, verworfen. Fritz schlug doch tatsächlich vor, wir sollten zur Taufe ins Freibad gehen – die Zeugen Jehovas machten das auch so. Da könnten wir Ralf ganz untertauchen zur Taufe. Und am Schluß erzählte Jürgen noch ein tolles Ding, das hatte er in der Zeitung gelesen. Da war ein Baby in einem Zirkus auf dem Hochseil getauft worden. Klar, die Eltern waren Trapezkünstler – die wollten das so haben.
Schließlich aber stand das Ganze, so sollte es mit Ralfs Taufe gehen: Heidi, Thomas und ich, wir sollten das mit unserem Pfarrer zusammen machen. Die ganze Konfirmandengruppe sollte mit Ralf und seinen Familienpaten um den Taufstein stehen, denn es war ja einer von uns, der getauft werden sollte!
Außerdem wollten wir Blumen stiften, damit sollten Altar und Taufstein geschmückt werden. Und wir verabredeten, im besten Sonntagszeug zu kommen. Das sollte ein Fest werden! Ich glaube, am meisten freute sich jetzt Ralf selber: er mußte ja merken, wie wichtig wir seine Sache nahmen.

Ich war Sonntag früh sehr gespannt. Und ein bißchen nervös, wenn das auch keiner merken sollte. Immer wieder hatte ich mir angesehen, was ich aus der Bibel vorlesen sollte – vor allen Leuten in der Kirche! Und dann hatte ich noch mit Heidi zusammengesessen, wir sollten eine kleine Rede verfassen, über die Taufe und das Wasser. Da sollten wir Ralfs Familie und den anderen Eltern und Besuchern in der Kirche sagen, was wir über die Taufe gelernt haben.
Meine Eltern wollten mit zur Kirche – und auch viele andere Eltern, wir hatten sie alle eingeladen. Ich glaube, sie waren auch ein wenig neugierig, unsere Eltern.
„Was, der Ralf wird getauft?" fragte mein Vater. „Warum macht der Pfarrer das nicht ganz klein ab? Nur mit der Familie? Na, ich will euch die Freude nicht verderben: ich komme mit." Denn er hatte auch schon gemerkt, wie wir alle dabei waren.

Vor der Kirche trafen wir uns. Wir nahmen Ralf in unsere Mitte. Als die Glocken aufhörten zu läuten, zogen wir mit Ralf und mit seinen Paten ein. Vorn wartete unser Pfarrer auf uns, er begrüßte Ralf und die Paten. Als wir uns hingesetzt hatten, sagte er allen in der Kirche etwas über die Taufe heute und über unseren Gottesdienst: der sollte ja etwas Besonderes werden.

Ich guckte mich ein bißchen verstohlen um: da waren viele Eltern gekommen, die von Heidi und Thomas natürlich, aber auch Karolines Mutter. Und die Eltern von Fritz und Marianne und Jürgen. Geschwister waren auch dabei. Und ganz hinten saß sogar unser Klassenlehrer, der „Knautsch" – den Namen bekam er für sein „zerknautschtes" Gesicht, aber das ist bloß äußerlich. Sonst ist er gar nicht so. Wo der das wohl her wußte?

Wir hatten uns unser Lied gewünscht: Herr, deine Liebe ist wie Gras und Ufer. Die Eltern und die anderen in der Kirche kannten es noch nicht. Aber sie konnten es bald. „Was Ihr da heute so singt", meinte mein Vater hinterher anerkennend, „so etwas haben wir nicht gesungen im Konfirmandenunterricht." Und Mutter hatte aus vollem Halse mitgesungen: das konnte man hören.

Dann lasen wir im Wechsel mit dem Pfarrer einen Psalm:

Der Herr ist meines Lebens Kraft, mein Licht und mein Heil. Halleluja!
Herr, ich danke dir dafür,
daß ich wunderbar gemacht bin.
Wunderbar sind deine Werke;
das erkennt meine Seele.
Deine Augen sahen mich,
als ich noch nicht bereitet war,
und alle Tage waren in dein Buch geschrieben,
die noch werden sollten und von denen keiner da war.
Aber wie schwer sind für mich, Gott, deine Gedanken!
Wie ist ihre Summe so groß!
Wollte ich sie zählen, so wären sie mehr als der Sand:
Am Ende bin ich noch immer bei dir.
Der Herr ist meines Lebens Kraft, mein Licht und mein Heil. Halleluja!

Das Gebet zur Taufe hatten wir nicht mehr zu Ende geschafft, unser Pfarrer hatte die „Schlußredaktion" übernommen:
Lieber Vater im Himmel,
einer von uns soll getauft werden: Ralf. Zu seiner Taufe denken wir jeder auch an die eigene Taufe. Gib, daß wir die Sprache der Taufe verstehen und darauf vertrauen: Deine Liebe, Gott, will unser Leben erhalten und reinigen, wie Wasser unser Leben erhält und reinigt. Dir gehören wir als Kinder, die mit Hoffnung, Vertrauen und Liebe leben können. Amen.

Jetzt waren wir dran: Heidi, Thomas und ich. Wir traten vor, schlugen unsere Bibel auf und lasen. Thomas fing an:
„Hört die Geschichte von einer Taufe bei den ersten Christen . . ." Und dann las er die Erzählung von Philippus und dem Äthiopier, wie die beiden nebeneinander im Wagen saßen und im Alten Testament lasen und wie der Äthiopier schließlich fragte: Bitte sag mir, um wen geht es denn hier?

Heidi fuhr dann fort: „Und Philippus verkündete dem Äthiopier Die Gute Nachricht von Jesus, der unseren Lebensdurst stillen will:

Jesus verließ Judäa und ging zurück nach Galiläa. Sein Weg führte ihn nach Samarien. Dabei kam er in die Nähe des Dorfes Sychar, das nicht weit von dem Feld entfernt liegt, das Jakob einst seinem Sohn Josef vererbt hatte. Dort befand sich der Jakobsbrunnen. Jesus war von dem langen Weg müde geworden und setzte sich an den Brunnen. Es war gegen Mittag.
Seine Jünger waren in die Stadt gegangen, um etwas zu essen zu kaufen. Da kam eine samaritanische Frau zum Wasserholen, und Jesus sagte zu ihr:

‚Gib mir einen Schluck Wasser!' Die Frau antwortete: ‚Du bist Jude, und ich bin eine Samaritanerin. Wie kannst du mich da um etwas zu trinken bitten?' Die Juden vermeiden nämlich jede Berührung mit Samaritanern. Jesus antwortete: ‚Wenn du wüßtest, was Gott schenken will und wer dich jetzt um Wasser bittet, so hättest du ihn um lebendiges Wasser gebeten, und er würde es dir geben.'

‚Du hast doch keinen Eimer', sagte die Frau, ‚und der Brunnen ist tief. Woher sonst willst du Wasser haben, das lebendig ist? Unser Stammvater Jakob hat uns diesen Brunnen hinterlassen. Er selbst, seine Söhne und seine ganze Herde tranken aus ihm. Du willst doch nicht sagen, daß du mehr bist als Jakob?' Jesus antwortete: ‚Wer dieses Wasser trinkt, wird wieder durstig. Wer aber von dem Wasser trinkt, das ich ihm gebe, wird niemals mehr Durst haben. Ich gebe ihm Wasser, das sich in seinem Innern in eine sprudelnde Quelle verwandelt, die ewiges Leben schenkt.'

‚Gib mir von diesem Wasser', sagte die Frau, ‚dann werde ich keinen Durst mehr haben und kein Wasser mehr schöpfen müssen.'"

„Die Taufe hat eine lange Geschichte", schloß ich mich an. „Sie verbindet uns mit Jesus. Er hat sie seinen Jüngern hinterlassen:

Die elf Jünger gingen nach Galiläa und stiegen auf den Berg, den Jesus ihnen genannt hatte. Dort sahen sie ihn; sie warfen sich vor ihm nieder, obwohl einige zweifelten. Jesus trat auf sie zu und sagte: ‚Gott hat mir die Macht über Himmel und Erde gegeben. Geht nun zu allen Völkern der Welt und macht die Menschen zu meinen Jüngern. Tauft sie im Namen des Vaters und des Sohnes und des Heiligen Geistes. Lehrt sie, alles zu befolgen, was ich euch aufgetragen habe. Und denkt daran: Ich bin immer bei euch, jeden Tag, bis zum Ende der Welt.'"

Thomas las dann die Taufgeschichte des Äthiopiers weiter:

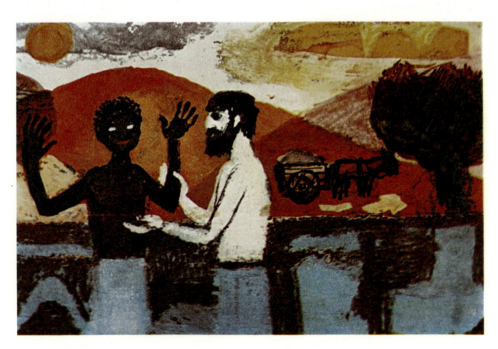

„Unterwegs kamen sie an einer Wasserstelle vorbei, und der Äthiopier sagte: ‚Da gibt es Wasser! Spricht etwas dagegen, daß ich mich taufen lasse?' Philippus sagte: ‚Du kannst getauft werden, wenn du von ganzem Herzen glaubst.' ‚Ja', antwortete der andere, ‚ich glaube, daß Jesus Christus der Sohn Gottes ist.' Er ließ den Wagen anhalten und stieg mit Philippus ins Wasser. Philippus taufte ihn. Als sie aus dem Wasser kamen, wurde Philippus vom Geist des Herrn weggenommen. Der Äthiopier sah ihn nicht wieder, doch er setzte seine Reise fröhlich fort."

Dann sagte unser Pfarrer:
„In dieser Taufgeschichte fragt der Täufling: ‚Da gibt es Wasser. Was spricht dagegen, daß ich mich taufen lasse?'
Einer von uns will getauft werden: Ralf. Wir sagen nun auch: Da gibt es Wasser", und der Pfarrer zeigte auf das Wasser in der Taufschale, „was spricht dagegen, daß Ralf sich taufen läßt? Du kannst getauft werden, wenn du von ganzem Herzen glaubst.
Die Christen haben den Grund ihres Glaubens in den alten Worten unseres Glaubensbekenntnisses ausgedrückt. Wir sind mit allen Getauften verbunden, wenn wir dieses Glaubensbekenntnis sprechen:

Ich glaube an Gott, den Vater,
den Allmächtigen, den Schöpfer
des Himmels und der Erde.
Und an Jesus Christus,
seinen eingeborenen Sohn,
unsern Herrn,
empfangen durch den Heiligen Geist,
geboren von der Jungfrau Maria,
gelitten unter Pontius Pilatus,
gekreuzigt, gestorben und begraben,
hinabgestiegen
in das Reich des Todes,
am dritten Tage auferstanden
von den Toten,
aufgefahren in den Himmel;
er sitzt zur Rechten Gottes,
des allmächtigen Vaters;
von dort wird er kommen,
zu richten die Lebenden
und die Toten.
Ich glaube an den Heiligen Geist,
die heilige christliche Kirche,
Gemeinschaft der Heiligen,
Vergebung der Sünden,
Auferstehung der Toten
und das ewige Leben. Amen."

Nun trat Ralf mit seinen Paten an den Taufstein. Und wir alle bildeten einen Kreis um sie.
„Ralf, willst du getauft werden?" fragte der Pfarrer. Komisch, dachte ich, daß er das noch fragt. Das war doch klar. Aber es war wohl, damit wir alle es hören konnten.
„Ja", antwortete Ralf, „ich will getauft werden."
Und dann beugte er seinen Kopf über die Taufschale mit dem Wasser. Die beiden Paten, die seine Familie ausgesucht hatte, legten ihm die Hände auf die Schultern. Der Pfarrer schöpfte Wasser in seine hohle Hand und ließ es über Ralfs Kopf laufen. Dreimal machte er das und sagte dazu: „Ralf, ich taufe dich im Namen des Vaters, des Sohnes und des Heiligen Geistes. Amen."

Danach setzten sich alle, nur Heidi und ich blieben stehen – wir hatten noch unsere kleine Taufrede zu lesen.
„Die Taufe hat eine lange Geschichte", begann ich. „Sie verbindet uns mit Jesus. Jesus ist im Fluß Jordan getauft. Und so hat die Kirche seit Anfang getauft: Erwachsene und kleine Babys. Immer hat man Wasser dazu benutzt: Wasser im Fluß, Wasser in einem großen Taufbecken, Wasser in einer Taufschale. Man hat den Täufling ganz untergetaucht im Wasser oder ihn mit Wasser übergossen. Wie man taufte, das war sehr verschieden. Aber immer sollte das Wasser bei der Taufe etwas sagen."

Heidi las weiter:
„Das Wasser, das wir zur Taufe brauchen,
ist ein Bild, ein Zeichen für etwas,
das wir nicht sehen können
mit unseren Augen,
das wir nicht fühlen können
auf unserer Haut
und das doch da ist:
Gottes Liebe, die unser Leben neu macht, frisch und lebendig, wenn wir traurig sind, ohne Mut und Hoffnung, und den Kopf hängen lassen.
Gottes Liebe, die unser Leben behütet und schützt,
wie ein starkes Schiff die Menschen über das Wasser trägt.
Gottes Liebe, die uns einen Namen gibt, der nicht vergessen werden wird, und einen unendlichen Wert, der nicht verloren geht.
Davon redet die Taufe mit ihrem Wasser."

Die Glocken läuteten. Alles drängte zum Ausgang. Viele schüttelten Ralf die Hände, unserem Ralf.
Der Gottesdienst war vorbei. Wir standen vor der Kirche noch mit Ralf zusammen: unserem Täufling. Und natürlich, da war auch sein Onkel Ewald, der kam mit dem unvermeidlichen

Fotoapparat: ein Schnappschuß für das Familienalbum. Wir sollten uns alle um Ralf herum aufstellen und lächeln. „Halt", sagte da Ralf. „Da fehlt einer. Unser Pfarrer muß mit aufs Bild. Der ist mein Philippus", fügte er ein bißchen verschmitzt hinzu, „auch wenn es kein Fluß war, in dem er mich getauft hat."

Ja, dachte ich, gut, daß er es nicht ganz klein abgemacht hat mit Ralfs Taufe. Ich glaube, ich habe dadurch etwas verstanden von der Taufe, auch von meiner Taufe. Und es war doch schließlich einer von uns, der getauft wurde.

Quellenhinweise:

Die Bibeltexte sind nachzulesen in „Ich entdecke die Bibel", Deutsche Bibelstiftung, Stuttgart 1978 (S. 5: Apg 8, 26–39; S. 22: Lk 9, 47–48 und Mk 10, 13–16; S. 26/7: Joh 4, 3–15 und Mt 28, 16–20); der Psalm auf S. 26 links stammt aus „Wachet und betet" von G. Bezzenberger und C. Zippert, Stauda Verlag Kassel 1978 (Ps 139, 14–18).

Das Lied auf S. 4 stammt aus „Schalom – Ökumenisches Liederbuch", Burckhardthaus-Laetare/J. Pfeiffer, Gelnhausen/München 1971.

Die Fotos: S. 2: Hans Lachmann, S. 6: A. Gruber-Bavaria, S. 7: F. Hoffmann-Bavaria, Ulla Hochstätter, Bavaria, S. 8: G. Schützenhofer-Bavaria, S. 9: R. Saller-Bavaria, S. 10: PTI Kiel, S. 11: Laenderpress Düsseldorf, S. 12: Gerhard Heilmann Oslo, S. 13: G. Binanzer-Bavaria, Studio Rau, S. 14: Studio Hahn-Bavaria, S. 15: A. Krüger-Bavaria, S. 16: David Barrett, S. 16/17: Äthiopisches Misereor-Hungertuch 1979, S. 8: Hans Lachmann (2) und EBA-WCC, S. 19: Tamdrup Altar Nationalmuseum Kopenhagen, S. 20: Evang. Zentralbildkammer Bielefeld, David Barrett, S. 23: Hans Lachmann, S. 27: PTI Kiel, S. 29 und 31: E. Keunen.

CIP-Kurztitelaufnahme der Deutschen Bibliothek

Tschirch, Reinmar:
Einer von uns wird getauft: Geschenkh. für Jugendliche u. Erwachsene/Reinmar Tschirch. –
Gelnhausen: Burckhardthaus-Laetare Verlag, 1981,
ISBN 3-7664-6147-8

© 1981 by Burckhardthaus-Laetare Verlag GmbH, Gelnhausen/Berlin/Stein
Postanschrift: Herzbachweg 2, 6460 Gelnhausen

Alle Rechte, auch die des auszugsweisen Nachdrucks, der fotomechanischen Wiedergabe sowie der Übernahme auf Ton- und Bildträger, vorbehalten. Ausgenommen sind fotomechanische Auszüge für den eigenen wissenschaftlichen Bedarf.

Umschlagfoto: Leif Geiges
Herstellung und Typographie: Joachim Emrich, Gelnhausen
Lithographie: Interprint, Frankfurt/M.
Druck und Verarbeitung: A. Bernecker, Melsungen